En application de l'art. L.137-2.-I. du code de la propriété intellectuelle, toute reproduction et/ou divulgation de parties de l'œuvre dépassant le volume prévu par la loi est expressément interdite

© 2025 Bryan Bessieres
Édition : BoD · Books on Demand, 31 avenue Saint-Rémy, 57600 Forbach, bod@bod.fr
Impression : Libri Plureos GmbH, Friedensallee 273, 22763 Hamburg (Allemagne)
Impression à la demande
ISBN : 978-2-3225-1621-6
Dépôt légal : mars 2025

« L'expérience du monde s'exprime de façon interne et externe :
Le noyau dur est interne, c'est le méditant ; la couche suivante est le corps et la couche la plus externe est le monde qui sert de contexte pour l'individu.

L'être est ce qu'il y a au-delà de l'interprétation du cerveau, c'est l'observation des pensées conscientes

Les sens servent de support pour l'information. Ils nous prodiguent des mémoires tactiles, visuelles et composées de concepts abstraits.

Le monde répond aux maths parce que c'est le premier langage structurant. Nous répondons tous à une logique innée ou acquise ; en somme, nous sommes constitués de mémoire morte et d'idées personnelles. Je dis mémoire morte car toute mémoire est composée d'une expérience passée et non actuelle. Le cerveau rafraîchit sa mémoire en permanence mais n'est pas équipé pour contempler le présent.

J'observe cependant que mon cerveau a reconstruit toutes les images perçues.

Le libre-arbitre existe, c'est le choix du rôle que l'on veut prendre dans la vie : aider, être aidé ou détruire »

'Les mauvais comme les bons ont construit le monde'.

« On peut créer son cerveau, si l'on s'affranchit des connaissances innées ou acquises pour se tourner vers soi. La connaissance du moi permet de dépasser les difficultés de la vie et ainsi de réaliser que l'imagination est infinie. Combien de génies, d'artistes, de stratèges ont éclairé l'histoire du monde par leur personnalité. »

'L'univers n'obéit qu'aux audacieux.'

'Nous traînons tous un bagage culturel formé de métaphores et de circuits logiques mentaux'

'L'intelligence est une machine de traduction de modèles.'

'La décomposition en termes simples nous permet de mieux comprendre les contextes qui nous dirigent.'

'Le monde est constitué de formes, couleurs, sensations, mémoire, imagination, transformés en circuits électriques par notre cerveau.'

'L'univers peut être un gigantesque cerveau car si il est capable de générer la conscience, pourquoi ne serait il pas lui même conscient. Nous sommes tous constitués d'atomes, des étoiles jusqu'aux quarks.'

'L'univers peut lui même faire partie d'un multivers constitué d'une infinité d'univers. La notion même de passé et de futur n'a de sens que pour l'individu.'

'La somme de connaissances de l'humanité toute entière est 0 quel que soit le domaine, car l'univers est intangible, protéiforme, concret et abstrait à la fois, un véritable oxymore de la notion de sens. Il est explicable et pourtant insensé !'

'L'énergie est aussi tangible qu'elle est abstraite.'

'Le but d'individus intelligents est de s'interroger sans cesse pour découvrir des facettes de plus en plus larges de la réalité.'

'La vie n'a aucun sens. Si vous le comprenez, vous jubilerez devant cette magnifique illusion.'

'Pourquoi quelque chose plutôt que rien : le concept de « ying et yang » est la meilleure manière de décrire ce contexte : le vide n'est jamais complet et la masse est constituée de vide.'

'Moins il y a d'espace, plus il y a de masse, donc des trous noirs.'

'Je ne prétends pas connaître parfaitement tout ce que j'expose : ce n'est que matière a réflexion.'

'En général, l'être humain est social, c'est sa plus grande force. La plupart des technologies inventées sont pour l'expansion de conscience, le but final étant une symbiose complète.'

'Le cinéma, l'écriture, les jeux : selon l'activité, on accroît ou décroît son potentiel'

'Le cerveau est comme l'eau, on le croit façonné, il nous étonne toujours.'

'L'eau est comme l'esprit : si on la laisse tranquille, tout est limpide ; dés que l'on l'agite, le chaos se propage.C'est pour cela qu'il est capital d'observer avant d'agir.'

'Le solipsisme me semble la théorie la plus géniale qui soit : l'étranger n'existe pas car tout est nous même, l'union est totale. Pas de couleurs, pas de races, pas de formes séparées, on est l'univers qui se contemple.'

'La navigation et l'exploration internes et externes sont les meilleurs moyens de se connaître.'

'On peut considérer l'univers en centre de contrôle de l'information.'

'La quête alchimique est une transformation interne pour se dégager de tous les vices (excès).'

'La mémoire n'est pas notre être, c'est notre Ego (idée du Soi), de même que le mental n'est qu'une projection de la mémoire.'

'Ce que nous sommes tous, c'est le méditant : l'observateur universel caché en nous même.'

'Les religions ne créent pas l'union promise, car elles divisent les hommes en clans. Pourtant elles renferment une grande part de sagesse ; il faudrait les transmuter en fraternité universelle.'

'La science elle même crée aussi des clans : ceux qui se considère sachants, face à ceux qui n'ont pas la même culture scientifique.'

'Le problème n'est donc pas l'humain, mais le périmètre restreint de relations que chacun possède.'

'Plus il y a de métissage d'êtres et d'idées, plus la conscience humaine se déploie.'

'Il y a 3 états d'être : le mental, comme projection d'idées passées, l'Ego comme mémoire toute entière et l'être qui observe ce ballet sans jugement et qui est connecté au contexte (le monde).'

'Le contexte peut être associé à la notion de providence : si le monde n'était, ne serait-ce que différent de 0,01 % ou même moins, la vie n'aurait pas été possible sur terre. Nous avons donc d'office gagné la cagnotte céleste.'

'La montagne à franchir, c'est la progression de l'éthique et des sciences, pour avoir une meilleure vie longue et prospère.'

'Nous n'avons rien inventé ; la nature nous a fourni l'intelligence de la comprendre et ainsi de créer des technos, comme les abeilles construisent leurs rayons.'

'En somme, nous n'avons rien fait de mal. Cette notion manichéenne est dépassée.'

'La guerre a fait progresser la médecine, la paix a amené de nouvelles sources de confort.'

'Cela ne veut pas dire que les guerres sont une bonne chose ; je veux dire qu'elles ont permis une meilleure connaissance du corps par sa désacralisation. Actuellement, elles devraient être obsolètes, car nous avons assez de connaissances (modèles) pour éviter toute guerre.'

'L'économie devrait être un outil de libération des individus ; malheureusement elle sert à la guerre alors qu'à la base, c'est un outil d'optimisation de la gestion des ressources.'

'La guerre a infiltré toutes les sociétés à cause de l'Ego des nations. Plus une nation est puissante, plus elle essaye de dominer ses voisins.'

'Le pouvoir corrompt les leaders car ceux ci sont déconnectés du peuple. Ils sont dans le luxe et l'opulence et estiment qu'un droit divin leur a octroyé un quelconque pouvoir.'

'Le syndrome du chef est ancestral. Le chef est une machine à brasser de l'air car se sont ses marionnettes qui travaillent, pendant que lui va sans cesse de banquets en banquets pour se remplir la panse et son portefeuille.'

'Il en fut ainsi durant toute l'histoire. C'est pour cela que le peuple se sent coupable de son obéissance.'

'L'informatique pourra certainement créer une société sans chefs, car l'informatique permettra de rationaliser les ressources.'

'La surveillance globale va réduire les insécurités, mais en même temps, la liberté individuelle sera affaiblie, ce qui va déclencher de nombreuses révoltes.'

'Une société entièrement rationalisée sera insupportable, car le jardin secret est un ciment sociétal. Si on ne peut plus avoir de pensée propre et de vie intime, c'est un viol du consentement.
La qualité des services de divertissement décroît en même temps que la population perd son attention.'

'Le « panem et circences » est en panne, ce qui poussera le peuple à réfléchir par lui-même, car si les divertissements ne captent plus son attention, il sera obligé de se poser des questions internes. C'est cela ou un ennui profond qui va le gagner.'

'Les idées sont des segments orientés d'information.'

'L'harmonie, c'est quand l'industrie de l'armement se casse les dents.'

'Les sentiments sont la trame du vivant.'

'On n'aura jamais autant de valeur que pour soi.'

'La condition humaine ne peut qu'évoluer, car personne n'a le droit de gâcher le paradis.'

'Pourquoi cette distance face à la nature alors qu'elle est nous.'

'La plus grande symphonie est bien celle de l'oiseau du matin et de la chouette du soir.'

'Le langage est vecteur d'émotions et de falsifications.'

'Nous sommes tout seul, navigant dans notre destinée.'

'Douleur et honneur vont de pair.'

'Le meilleur mensonge est celui qui fait rire.'

'Les poèmes sont de profonds remèdes contre la dépression.'

'Une citation peut résumer une œuvre entière si elle est comprise.'

'La vie est une folie consentie.'

'Quand on croit connaître le réel, celui ci nous fait une farce.'

'Qu'est ce que c'est d'être, si ce n'est de paraître.'

'La chaleur de l'amour vaut toutes les batailles.'

'Écrire pour exister ou mourir en ayant rien fait.'

'Rien ne sert de courir, la mort galope déjà assez vite.'

'Mourir avec des regrets, c'est se détruire soit même. Les regrets sont des poisons dont les imbéciles s'abreuvent.'

'On ne fait qu'exister, arrêtons d'être coupables.'

'Un piano, une femme, des méditations ; que la vie est belle.'

'A force de pleurer, le bigot trouve le nirvana car l'anima des larmes a tari sa source.'

'L'imbécile c'est celui qui croit tout connaître.'

'Si le diable existait, on serait tous morts avant même de naître.'

'L'inconnu est sordide, mais c'est la seule façon d'exister.'

'La marche, le boulot, l'art, les partenaires, les amis, la méditation, voici des raisons d'exister que l'aveugle de l'âme ne voit plus.'

'L'âme est un soupir qui, entretenu, permet de gérer les affres du destin.'

'Le cerveau est tellement malléable que lorsqu'on est malade, on a raison de dire POURQUOI ?'

'N'ayez pas peur, la peur castre l'élan et la vitalité.'

'Ne vous méprisez pas ; nous sommes une seule peau, un seul être, une étincelle, un univers.'

'Paganini avait raison de jouer pour des fous jusqu'à la lie.'

'Le spleen dérange. Pourtant, c'est le meilleur des professeur. La mélancolie fait son grand ballet avant de disparaître.'

'L'eau est l'un de nos principaux ingrédients ; buvez avec respect.'

'Ce qui luit dans la nuit est l'espoir.'

'L'avidité de mauvaises sources produit de mauvais effets.'

'La joie est un vecteur de récompenses, la tristesse, un vecteur de connaissances.'

'Les lucioles sont comme de vraies anges, pourtant peu de personnes leur font honneur.'

'S' il y a des interdits dans la religion, la nature nous fait voir une panoplie de couleurs.'

'Au contour d'un dogme, se cache un cadavre.'

'Brillez par votre intelligence, même de votre bêtise, et vous serez aux portes du mystère.'

'L'anima de chaque être est un cinéma intérieur d'une très grande richesse.'

'Le théâtre est la catharsis des mots et maux de l'âme.'

'Oubliez paresse ou mourrez insatisfait.'

'Nous nous levons ou nous régressons.'

'La presse encense les braises du drame et de la violence. Et ainsi, nous voici artificiellement divisés.'

'La vie à deux n'est pas gage de sûreté.'

'Aimez-vous plus que n'importe quel autre, car la société peut être contre vous pour de mauvaises raisons.'

'Qui se sent l'audace d'être juge ?'

'L'addiction est une prison que l'on s'est construite.'

'Le simple fait de respirer est génial.'

'Laissez la tragédie aux morts pour qu'ils vous soutiennent.'

' « Je suis Nous ». Quand vous prononcez cette phrase vous êtes fous mais, de sentiments !'

'Ne faire aucune erreur n'est ni apprendre, ni exister.'

'Ne jugez pas vos pensées ou vous en serez esclave.'

'Votre histoire intérieure est plus riche que vous ne le pensez.'

'Un livre, une âme au poil.'

'Toute création commence par un petit pas.'

'L'ennui est un désastre non médité.'

'Les maths ou la poésie, qui dit autant d'ânerie ?'

'Le vrai spectacle c'est dehors.'

'La violence n'est jamais un argument ou justifiée.'

'Le noir est la seule couleur dénigrée alors que le blanc et le noir ont la même importance :l'un émet toutes les couleurs, l'autre les absorbe. Si on aime le jour et déteste la nuit, cela est pure bêtise.'

'Qui nous a chassé du paradis ? La sédentarité, qui rime avec sénilité.'

'A force de marcher, on médite plutôt que médire, maudire.'

'La patience est vertu en toutes choses.'

'La créativité s'arrête où la mort se pointe.'

'L'âme d'un peuple est ce qui lui reste de raison après toutes ses guerres.'

'Nous sommes tous liés par l'espace-temps.'

'La musique permet de s'affranchir de tout contrôle.'

'Lâchez prise et soyez cyniques au point de vous moquer de la vie.'

'Plus il y a d'obstacles plus vous vous rapprochez du but ; la vie est un dépassement.'

'Le danger , c'est l'exclusion.'

'La société est bâtie sur des normes changeantes. Peut on s'y fier ?'

'La technologie est vecteur de progrès dans tout les sens ; en avoir peur est lâcheté.'

'Le clown est celui qui ose dénoncer une tyrannie devant le tyran. Une phrase et un empire brûle.'

'Le fait que la vie se déploie en multiples formes et consciences nous montre que les normes sociales évolueront vers d'autres cimes.'

'Les châtiments corporels n'existent que pour soumettre un peuple.'

'La vie est de notre coté si l'on sait écouter.'

'L'humilité peut être utile ou nous freiner.'

'Les médias répondent à leur maître.'

'La haine est un esclavage.'

'En dehors de l'être se trouve le nirvana, qui est l'observation de l'être.'

'Le monde est bizarre mais peu le réalisent.'

'Plus on accorde de l'importance à ce que l'on est, plus on identifie ses alliés et ses ennemis.'

'Riez, vous êtes vivants.'

'Le corps humain est tellement complexe, que l'on ne connaît pas toutes ses fonctionnalités .'

'Le contexte est comme un organe externe pour l'individu.'

'Le contexte cependant n'est pas une finalité, car le développement peut se faire par le langage.'

'La matrice est partout, son corps repose sur les lois physiques.'

'La liberté est un espace ressenti en dehors du mental.'

'La liberté d'expression est acquise ou elle s'impose.'

'Toute corruption est une lutte contre le peuple.'

'L'ennemi est et sera toujours la bêtise.'

'Si l'on continue à se poser des questions, on est encore vivant.'

'La discipline est la racine du pouvoir.'

'Un Ego faible, voici la genèse d'un tyran !'

'Quand on sera capable d'aller sur d'autres planètes, toutes les guerres prendront fin.'

'Le ver dans la pomme est toujours le profit à court terme.'

'Le travail est une échelle vers l'infini.'

'L'Ego peut être plus fort que le sexe.'

'Toute addiction commence par un vide.'

'Je suis parce que je ne suis pas : voici comment on devient maître de soi.'

'Le dialogue intérieur nous révèle.'

'En tout temps, l'univers joue avec nous en toute innocence.'

'Le café est amer avec la tristesse.'

'La perte d'un proche est un morceau de nous que l'on arrache.'

'Les clown sont les plus tristes car ils cachent leur mélancolie par des rires.'

'Si on ne valorise pas ce que vous faites, cassez vous, vous êtes entourés de crabes.'

'L'inspiration est toujours là pour celui qui sait voir les signes.'

'Visez l'univers et vous serez libres.'

'Toute évolution naît d'une ambition ; ne la révélez jamais de peur que l'on vous dépouille.'

'Il y a pire qu'un corps souillé, une âme détruite !'

'Envisagez la vie comme un serpent, mais son poison peut tuer ou élever.'

'La vie est simple, c'est nous qui compliquons tout.'

'Votre cerveau est la clé de l'avenir.'

'Le rêve est infini comme l'imagination.'

'Un poème et l'espoir renaît.'

'On ne saura jamais ce que nous sommes car la réalité est un mystère pour tous.'

'La foi en ses capacité est le ciment des grands hommes.'

'L'ennemi, c'est de ne pas se reconnaître en l'autre.'

'La vie est courte ; ne la gaspillez pas en de vaines rencontres et de vains objectifs.'

'Soyez disciplinés ou votre vie va vous faire voir de belles CASCADES !'

'Le zen est comment devenir libre.'

'Souriez, vous êtes dans un merveilleux film et vous êtes l'acteur principal.'

'Amour est bon sans contrôle.'

'Le péché est d'être dépendant d'une chose ou d'un être.'

'Libre vous êtes, libre vous devez rester.'

'On dit que l'anaconda est perfide, le politicien l'est sans commune mesure.'

'La technologie est vecteur de connaissances mais en même temps vecteur de propagande.'

'Hors de nos têtes réside un contexte structurant que l'on nomme évolution ou NATURE.'

'La vie donne toutes ses cartes au désespéré.'

'Soyez fier d'être en vie.'

'La plus grande symphonie se joue en nous même.'

'Le jeu est le meilleur moyen d'apprendre.'

'L'éducation mal transmise est le tombeau des êtres.'

'Les maths sont la musique de l'univers.'

'L'art permet d'enterrer tout ce qui est imparfait : stress, angoisse, tristesses.'

'Le surhomme est celui qui exerce sa volonté et sa vision sans violence et sans bruit.'

'Le sage connaît tout mais ne peut pas transmettre ce qu'il sait aux âmes sensibles de peur qu'elles s'éteignent face à l'aveuglante vérité.'

'Un peut être, un si, un pourquoi pas, voici comment toutes les civilisations sont construites, sur le doute qui les poussent à évoluer.'

'Il n'y a qu'une certitude, ce monde est FOLIE et JOUISSANCE.'

'Les morts ne devraient pas nous enterrer.'

'La rage est inextinguible. Quand on a souillé jusqu'à votre âme, l'univers vient à votre chevet pour laver toutes vos cicatrices.'

'La pensée ne peut être maîtrisée si on ne la laisse pas s'exprimer mentalement.'

'L'infini est une fractale d'énergie à l'infini dans le passé et l'avenir, le curseur est l'expérience consciente de la vie.'

'Vivre seul est une joie et un défi, seul les courageux en sont capables.'

'La vie est mieux à deux si chacun respecte l'espace de l'autre.'

'Pourquoi sommes nous conscients : peut être parce que l'espace est le support de la conscience.'

'La vie est un chemin, une voie qui nous est propre.'

'Tournez votre dos et avancez.'

'La fête est un moment de vie et non une perte de temps.'

'L'argent ne corrompt pas absolument ; si tel était le cas, les hommes intègres n'existeraient pas.'

'Le centre de notre attention est en premier sur nous même.'

'Un chemin infini de réincarnation et d'incarnation fait évoluer toutes les consciences.'

'Nos consciences sont divisées pour mieux se retrouver.'

'Ne jeter pas de pierres sur quelqu'un ou vous risquez de les prendre en pleine poire.'

'Le capitalisme et le communisme ont trahit leurs vœux. Vers quoi se tourner : l'humanisme.'

'Pourquoi les actualités sont dégueulasses : les lecteurs raffolent de dépression.'

'L'évolution ne peut être contrôlée, ce n'est pas nous qui fixons les règles.'

'L'expansion de la conscience est un travail de chaque instant.'

'La différence entre une grenouille et un homme : un corps de différence.'

'Les fainéants se maudissent eux-mêmes.'

'Si l' on a rien à dire ou à penser, c'est un peu comme être mort.'

'La vacuité en méditation n'est pas un vide, c'est plutôt un observation consciente.'

'N'espérez pas, soyez l'espoir.'

'Il y autant de chimie dans notre corps que dans toutes les pharmacies du monde.'

'Avant d'être humain, vous êtes une démocratie de cellules, bactéries, virus, eau. Vous ne devriez plus dire « je« mais « nous ». '

'Tout est simple pour celui qui sait observer.'

'Apprenez jusqu'à la lie et vivez, car demain n'est jamais la même histoire.'

'Pourquoi la violence ? Les cœurs de certains sont secs de naissance ou le sont devenus.'

'Le sang a la même fonction dans toutes les espèces. Ou réside la différence ?'

'Si quelqu'un vous fait du mal exprès une fois, tournez le dos et soyez indifférent jusqu'à réparation du préjudice.Eet après, quittez sa présence.'

'La société ne sera jamais la même à chaque siècle.'

'Il n'y a rien de plus brutal que notre propre ignorance.'

'Chacun endosse la responsabilité qu'il souhaite. Moi, je ne suis responsable que de moi et de mes choix.'

'Tous les êtres humains ne désirent pas la même chose.'

'La religion se réforme ou périt au passage du temps.'

'Le succès est le fruit d'un travail ou d'un talent inné ou acquis.'

'Si des personnes n'ont pas les même rêves que vous, ne leurs divulguez jamais vos ambitions. Elles vont vous piétiner sans le vouloir.'

'Dans le passé, nous étions comme des dieux. Maintenant nous sommes des citoyens, cherchez l'erreur !!!'

'Celui qui te rabaisse constamment est soit ton ennemi soit ton opposé.'

'L'élan vers la vie est inné, la dépression acquise.'

'Toutes les musiques font vibrer le cœur.'

'L'analyse des comportements asociaux permettra de mettre fin aux vices.'

'La sociologie est le chemin de compréhension de l'égrégore sociétal.'

'L'utilitariste se considère aussi lui-même comme inutile.'

'On n'est pas là pour servir à quelque chose mais transmettre notre interprétation de la vie.'

'Un pas ferme définit un être pleinement réalisé.'

'La vie vous fait pleurer ; foutez vous de sa tronche.'

'L'écrit libère le mental.'

'L'art est la catharsis des esprits brisés.'

'Produisez, produisez, travaillez, dansez, la valse ne se termine jamais !'

'Si vous êtes seul, parlez à vous même, vous aurez des conversations inoubliables.'

'Celui qui pense par lui-même ne se soucie pas de demain.'

'Les harceleurs 'n'ont que de la haine et des plaies ; plutôt que de les panser, ils ont fait le choix banal de faire souffrir le monde.'

'La violence ne crée que la division et la mort.'

'Le voile de la conscience se dissipe quand on accueille la vie.'

'Nous ne pouvons pas tous avoir les mêmes aspirations dans la vie.'

'Le mal n'existe que dans le cerveau des hommes, la nature fait grandir la sagesse.'

'Qui est inutile : PERSONNE.'

'Si on n'a pas besoin de vous, reposez vous.'

'Qui y a t'il dans l'au-delà ? Êtes vous con au point de vérifier ?'

'Une barrière est inutile quand le monde entier devient conscient.'

'La musique des cœurs ne se fait entendre que lors des fêtes alors que la fête est faite pour durer toute la vie.'

'Un mot peut tuer ou soigner. Surtout ayez foi en vous-même et l'univers.'

'En voyageant on sort de ses dogmes.'

'Il n'y a rien de pire que de vivre en se sentant prisonnier. Le cerveau est assez large pour s'échapper.'

'Le langage est le premier ciment du peuple.'

'Je ne suis personne car je suis tout le monde, excepté le tempérament, les idées, le corps : nous somme des êtres vivants.'

'La hiérarchie des races est une grosse blague.'

'On ne perçoit qu'une parcelle de la réalité jusqu'à ce que la haine crève et que le monde ne soit plus qu'un.'

'L'autre c'est vous.'

'Nul n'est supérieur à l'amour et à la compassion.'

'Imaginer est la porte de la réussite ou du désespoir, tout dépend de l'état d'esprit.'

'Courez vers la vie plutôt que vers la vanité.'

'Un effort chaque jour nous rapproche de nos objectifs.'

'L'amour n'est pas fait pour que l'on soit tous avec le/la même partenaire toute la vie.'

'Levez vous chaque matin comme si c'était le dernier car cela peut être vrai.'

'La mort ne prévient pas : quelle garce ou quel génie ?'

'La guerre ne survient que par mensonges.'

'Les armées seront bientôt en grève.'

'Les scandales ne soignent pas les maux ; il faut encore comprendre quelles situations sociale les ont générés.'

'Qui maltraite un humain n'a jamais fait face à ses démons.'

'On peut être le plus sage des hommes et avoir des pensées non souhaitées.'

'L'esprit ne se contrôle pas, il se cadre.'

'L'eau est une denrée, une nécessité, une volonté, un chemin. Personne ne peut la contrôler.'

'La science-fiction est elle si éloignée d'un futur possible ?'

'Qui freine la société : ceux qui ont peur du changement : les institutions.'

'Détruisez la science, vous redeviendrez des chimpanzés.'

'Un dogme contraire à la réalité est une folie.'

'Gardez l'esprit ouvert ou vous vous réduirez à une machine biologique.'

'La terre aussi pète, cela s'appelle le vent. Inspirez bien !'

'Moins on parle, plus on encaisse.'

'Pourquoi les intestins sont aussi longs : pour digérer la connerie !'

'De quoi est fait l'univers ? : d'énergie. Qu'est ce que l'énergie ? : aucune idée ne fait consensus !!!'

'Nous sommes dans un profond mystère mais ne le réalisons pas.'

'La guérison opère quand on s'observe attentivement.'

'Chaque jour est un jour ou l'on peut s'exprimer.'

'Les défenseurs de libertés sont les premiers à les bafouer.'

'Un monde, une planète, une histoire commune.'

'La symphonie des corps met fin à toutes les différences.'

'Le Paradis, c'est être un bureaucrate ou chevaucher la vie.'

'L'ennemi c'est le jugement.'

'Chacun choisi son rôle et son style de vie.'

'Les tyrans se condamnent eux mêmes.'

'Les religions n'existeront pas toujours.'

'Quoi de plus gratifiant qu'un plaisir partagé.'

'L'infini est à portée de cerveau.'

'A quoi bon s'embêter, la vie est TRÈS courte.'

'L'eau est source de repos.'

'Vous rendez vous compte que votre corps est plus complexe que toute industrie sur terre et même que des galaxies. On vous à fait un cadeau inestimable !'

'Si il n'y avait pas de l'amour, la vie n'aurait jamais existé.'

'Vous cherchez du sens à vos vies : vous seuls pouvez en donner car la réponse qui vous satisfera est en vous même, dans votre être.'

'Je suis un baroudeur, un pirate. Pour moi la vie n'a aucun sens et c'est cela qui fait son charme de succube irrésistible.'

'Embrassez la folie de l'existence, vous verrez toutes les couleurs et percevrez toutes les sensations.'

'Le feu à la base n'est pas pour brûler quelqu'un mais réchauffer le corps en hiver et détendre l'esprit agité.'

'Le mauvais usage de la matière se paie toujours.'

'Il existe plusieurs types et niveaux de connaissances.'

'Les spécialistes ont du mal à faire des analyses contextuelles car il leur manque le point de vue général et les généralistes ne peuvent plonger en profondeur d'un sujet précis : soyez les deux dans un ou plusieurs domaines.'

'Rayonner par votre intelligence, comme par votre humour'

'Pardonnez, personne n'est parfait.'

'La ruine touche ceux qui se sentent faibles.'

'Ce qui est compliqué est un ensemble de choses simples.'

'Quel meilleur acteur qu'un quidam pressé !'

'Les amis, les vrais, ne se marchent pas sur les pieds.'

'La roue tourne en faveur du plus patient.'

'Se plaindre de temps en temps est un gage de santé.'

'La respiration permet d'offrir un espace de réflexion.'

'Personne ne vous connaît mieux que vous même.'

'Le savoir est un temple pour tous les curieux.'

'Comme disent les brahmanes, nous sommes des avatars d'esprits puissants.'

'Incarnation, réincarnation, putréfaction. La vie c'est comme des tomates.'

'Dansez jusqu'à la lie est le meilleur moyen de s'exorciser de toute rage.'

'La spiritualité est bonne car elle n'est pas dogmatique.'

'Evolution rime avec galères et plaisirs.'

'On peut être hors de soi quand on se détend.'

'La méditation est une attention sur les pensées et leur accorde un espace.'

'Enquêtez sur vos pensées et vous serez maître de vous même.'

'La psychanalyse porte ses fruits après un temps extrêmement long.'

'Ne touchez pas à la connerie de peur de vous contaminer.'

'Les pensées les plus profondes élèvent, la bêtise avilie.'

'La neuroplasticité nous montre que l'on peut changer à tout instant et être ce qu'on veut.'

'L'océan est plus connu que le sont les 3 cerveaux du corps humain (cœur, microbiote et cerveau).'

'Le corps est une superbe industrie avec ses propres règles.'

'Même en prison, l'esprit peut se réinventer au-delà des barreaux et de la violence.'

'Un club fermé : une nouvelle mafia.'

'Rencontrez un maximum de personnes avec tout type d'avis pour mieux vous connaître ; fuyez les violents.'

'L'eau est la poésie exprimée par des lois physiques.'

'La bioluminescence est la preuve que l'on est de minis étoiles.'

'La fainéantise est frère de l'ennui.'

'Les nuages sont toujours beaux quelle que soit leur forme ; les personnes laides ne le sont qu'à cause d'un standard débilitant.'

'Visez la santé ou vous marcherez le dos courbé.'

'Musique, où n'emmène tu ?'

'Le amis sont soit saisonniers, soit permanents.'

'Faites en sorte de vous débrouiller seul car l'on ne vous tendra pas toujours la perche.'

'Les rêves dissimulés se réalisent toujours. '

'Argent, Amour, Bonté, Espoir sont les qualités requises pour se dépasser.'

'La géométrie est indispensable pour générer des formes.'

'La dynamique est un échange d'ions.'

'La musique est vectrice d'animas.'

'En notre sang coule des montagnes.'

'Savez vous qu'à chaque fin d'année vous avez régénéré la plupart de vos cellules. Où se situe votre personnalité : dans les cellules d'aujourd'hui ou celles d'hier ?'

'Comment se fait il que l'on soit vivant alors que l'on est entièrement composé d'éléments inconscients : atomes ?'

'Pour changer de contexte, il va falloir imaginer un nouveau monde.'

'Toutes les idées ont une racine dans des émotions primordiales et nous offrent une nouvelle couche de réalité.'

'Vous vous sentez vides : pas autant que le poisson globe !!!'

'Ne soyez l'esclave de personne.'

'L'artiste fait surtout de l'art pour s'évader.'

'Toute tyrannie commence par le silence.'

'Si l'on piétine vos rêves, cassez vous.'

'Le chemin est rempli de pierres pour construire son château.'

'Trop se protéger est se détruire.'

'S'accorder du temps s'est se respecter.'

'La science est la porte des perceptions et des consciences.'

'L'imagination est un puits vers d'autres mondes.'

'Les armées se faneront, quand on aimera plus le soleil que la ruine.'

'La synesthésie, une jubilation !'

'La liberté ne se donne pas elle se révèle.'

'L'univers est toujours de notre côté, faisons le bon choix.'

'Le travail est le chemin vers la libération.'

'Vivre seul s'impose lorsque l'on crée.'

'Les fruits les plus vicieux sont les plus acides.'

'Avec les mots, on peut transmettre émotions et tourments.'

'Trop d'humilité anéantit toute progression.'

'Rien n'est compliqué, car tout est un agencement de choses ou concepts simples.'

'L'univers s'explique, mais les réponses n'ont pas de sens commun.'

'Vous êtes le héros de vous-même.'

'On ne perçoit qu'un étalon bien limité de couleurs et de sensations, pourtant croyance acquise, c'est cela le sectarisme.'

'Quand vous croyez connaître, approfondissez et vous serez dépassé ; puis continuez le cycle et vous irez de joie en joie.'

'Le jeu est central dans l'étude.'

'Nous sommes sensés être intelligents pourtant nous faisons de note planète une poubelle.'

'Lire est le meilleur moyen de voyager et de se créer un monde.'

'L'art est la catharsis des audacieux.'

'L'imagination est meilleure si l'on arrête de la contrôler.'

'N'ayez pas honte de vos pensées, vous n'en êtes pas responsables ; de vos actions, oui.'

'L'intervalle entre deux durées est infini car entièrement décomposable : le temps est donc un passage d'infinis en infinis.'

'Voyagez pour connaître d'autres parts de vous-même.'

'La violence est un manque d'imagination.'

'Quantifiez vos émotions et vous saurez ce qui est le plus important à vos yeux.'

'L'imagination, c' est comment s'échapper du commun et des standards.'

'Usez de ruse contre vos ennemis et quittez leur présence.'

'Jalousie rime souvent avec trahison.'

'Si vous vous perdez dans la vie, dites vous que tout est éphémère, même la perdition.'

'Les addictions finiront par disparaître mais pas le temps perdu.'

'Enivrez-vous vous même de peur de dépendre d'un autre.'

'Nous avons des constituants venant des étoiles, brillez donc par votre intelligence !'

'Si nous sommes capables de construire des outils, nous devrions être capables de construire un monde en paix.'

'Foncez vers vos passions de peur qu'on les éteigne.'

'La colère est vraiment être hors de soi, parce que la réflexion est au niveau 0.'

'Ne soyez l'esclave de personne.'

'Nous n'avons rien créé, car la nature nous a soufflé toutes sortes de technologies par les maths et la chimie.'

'Tout ce que nous créons est naturel car issu de la nature.'

'Entre une termitière et notre société, peu de différences, car les structures internes sont les mêmes.'

'Le langage est vecteur de toute connaissance.'

'Un chez d'œuvre est le fruit de discipline et de répétitions.'

'Le génie est celui qui bosse et aime ce qu'il fait.'

'Arrêtez de juger, vous serez plus libre.'

'Un esprit étroit est souvent prompt à la violence.'

'Les larmes sont inutiles, relevez vous.'

'En déprime, seul, vous avez la clé pour en sortir définitivement. Ne soyez pas ingrat envers la vie, elle vous offre des solutions, si vous regardez en dehors de votre « petite » misère.'

'Les composantes de l'esprit ne sont pas le tout, le tout est méditation.'

'Exercez vous à écrire, cela fait du bien au mental.'

'Au delà de toute montagne, un récompense immatérielle.'

'Agissez plus que vous priez.'

'Tout est matière à réflexion.'

'Démarrez le matin par manger ce que vous aimez.'

'Les larmes ne s'essuient que lorsque l'on réalise la vacuité du tout.'

'Le monde est étrange, appréciez le ainsi.'

'Si vous n'aimez pas ce que vous voyez dans votre miroir, vous vous insultez vous-même.'

'En dehors des préoccupations mondaines, ayez envie de vous découvrir, vous ne vous ennuierez plus jamais.'

'Soyez patient, la vie fait ce qu'elle peut.'

'Mémoire, tyran ou bénédiction, c'est à vous de trouver votre chemin !'

'Les maths sont de la poésie et la poésie une réflexion soutenue.'

'Arrêtez de broyer du noir, vous perdez votre temps.'

'Rien que contempler le ciel est une expérience étrange.'

'Les paréidolies sont fréquentes.'

'Devenez synesthètes vous en verrez de toutes les couleurs.'

'L'alcool et les drogues bousillent tout.'

'Liberté rime avec persévérance.'

'Dans chaque livre, un dictionnaire de réalité.'

'L'ennui est le moteur du travail.'

'La mer est fantastique.'

'Les langues se délient en délire.'

'La confiance est toujours asymétrique, car il n'y a aucune garantie.'

'La société est moins violente physiquement ; psychologiquement c'est autre chose.'

'Il n'y a pas plus fainéant que quelqu'un qui n'a aucune passion.'

'Il y a des philosophes de la vie et de la mort. Choisissez le spleen ou la gloire.'

'Le venin le plus ardent est la dépendance.'

'La vie est une corne d'abondance pour celui qui voit.'

'Le train de la vie se nomme résilience et lâcher prise.'

'Ne vous cassez pas la tête, demain la solution vous sera offerte.'

'Le rêve est un moyen de s'éveiller aux arts.'

'Le cerveau est l'organe qu'il faut entraîner le plus car de lui dépend toute réussite.'

'Le circuit le plus répété est la survie, le reste n'est qu'une ou plusieurs récompenses.'

'Le cirque est comme la vie. N'êtes-vous pas dans une des cages que votre culture ou société vous offre ?'

'Le matin est magique, ne vous levez pas trop tard.'

'Chaque jour est une surprise.'

'Les humoristes comprennent la vie.'

'La lumière peut aussi être interne.'

'Les défauts sont l'asymétrie de l'âme.'

'Le cynisme est le meilleur moyen de résister à l'adversité.'

'Un mythe ou une information cachée ?'

'Chaque siècle, un scribe fait tomber un empire vicieux et vicié.'

'Le peuple n'est pas fait pour être dirigé mais entendu.'

'Le sucre de la vie, c'est tout ce qui nous fait obstacle. Sans obstacles, point d'évolution !'

'Qu'est ce qui définit un être, si ce n'est l'infini.'

'La mélancolie est le poison des esprits fragiles'

'Soyez reconnaissant, vous êtes plus apte que vous ne l'imaginez.'

'L'humilité est le vin dont se régalent les fainéants.'

'Le sport est le seul moyen de vivre pleinement.'

'Soyez atlas pour vos proches.'

'L'inconscient est plus vaste, car sans idées préconçues.'

'Le mage est l'empoisonneur du roi.'

'La douleur est un rappel inutile.'

'Chaque journée est un mandala.'

'L'inspiration n'est qu'un mot pour décrire un fil de pensée inconscient.'

'Au delà des mots, une destinée choisie.'

'Rien n'est banal pour l'analyste, rien n'est final pour le physicien, rien n'est sacré si ce n'est la nature pour le poète.'

'Le travail manuel est le meilleur moyen de se connecter au réel.'

'La danse condense le Qi.'

'Nous sommes tous mûs par la force de la nature.'

'Aucun péché, juste des leçons pour faire évoluer nos consciences.'

'Le hasard, c'est votre surmoi qui vous fait des blagues.'

'L'alchimie, c'est se débarrasser des scories de l'existence.'

'Plus la vie est sombre, plus elle pourra être lumineuse ensuite, tout est équilibre.'

'Il faut se dégager de tout ce qui ne permet pas d'évoluer.'

'Rien n'a de sens ; il nous faut tous nous y résoudre et bâtir sur nos incertitudes.'

'Ayez confiance en la vie, elle s'occupe de vous chaque jour.'

'Les pâquerettes ne sont pas respectées, pourtant réunies elle embellissent le paysage.'

'Même une fourmi peut avoir le blues.'

'La société ne sera jamais la même au passage du temps.'

'Il faut penser à demain pour le créer.'

'Geindre n'éteint pas la souffrance.'

'La communication non-verbale est une âme à nue.'

'L'humanité sera unie quand on comprendra la conscience.'

'Les perceptions sont sans limites.'

'La marche est une méditation active.'

'Sans stress, point d'objectifs.'

'La vacuité n'est pas le prétexte pour le non-agir.'

'Chaque penseur illumine le monde.'

'La vie est notre lumière, notre but.'

'Si vous ne voyez que la mort, sortez de ces idées ou elles vous mangeront.'

'La malédiction, c'est de vouloir stagner.'

'Les rythmes, les cycles sont une danse cosmique.'

'Le corps a une géométrie comme l'esprit.'

'L'énergie est une vibration de l'espace.'

'Priez et agissez, vous obtiendrez vos rêves.'

'La paix est nécessaire pour évoluer ; pardonnez à vos ennemis pour ne point en devenir esclaves.'

'Autour d'un feu, toujours une bonne équipe !'

'Sous le voile des illusions, toujours des réactions conditionnées.'

'La vacuité n'est pas le vide, c'est la conscience de l'interdépendance et de l'union du tout.'

'Mektoub n'est pas seulement un mot, c'est une philosophie.'

'On ne choisit pas sa destinée mais son rôle.'

'Sous les apparences, beaucoup d'incertitudes.'

'Aimez la vie c'est votre seul cadeau !'

'La douleur est la seule aberration de la vie.'

'Quand vous avez mal, criez jusqu'à émouvoir le ciel car voici une totale injustice.'

'La douleur est le terreau des cyniques.'

'Le cynisme s'impose quand on a souffert au-delà de la raison.'

'L'humour est le seul moyen de décrédibiliser le malheur.'

'Tout est éphémère. Seulement il va falloir se battre pour atteindre les cimes.'

'Tous est donné à celui qui est sensible.'

'La connaissance n'est qu'un paysage temporaire.'

'L'oubli est le meilleur moyen de digérer.'

'L'anima est gestes, logique et art.'

'La génération des êtres est une vibration subtile de l'être universel.'

'Vous êtes plus intelligent que vous l'imaginez !'

'Les sens sont comme des mains pour caresser l'univers.'

'Hors de vous toute violence, elle n'est que le purin de l'âme.'

'Hercule a fait douze travaux, faites en vingt.'

'La vie est facile ; arrêtons de nous limiter.'

'La vitesse n'est pas toujours gage de sûreté.'

'L'illumination survient quand toutes les émanations sont comprises.'

'Votre esprit est comme l'eau, arrêtez de jouer au ricochet.'

'Même dans la peur ultime, il faut lever la tête.'

'La peur n'est que du courant dans votre caboche.'

'Les soucis ne sont que l'administration d'un crime.'

'La fête et l'apprentissage devraient être vos seuls objectifs.'

'L'éveil du matin est un rituel d'une grande beauté.'

'Les animaux et les plantes sont en vie, respectez les !'

'Tout est degré de conscience.'

'Aimez vous avant tout le monde.'

'Vous vous trouvez laid ; êtes vous FOUS ?'

'À force de juger, l'âme s'assèche.'

'Toute personne contient un univers dans son mental.'

'Lâchez prise, la vie veux vous aider !'

'Les outils sont un moyen de créer de nouveaux modèles et de nouvelles civilisations.'

'Les chiffres permettent de voir le réel.'

'Ne changez pour personne, à part vous.'

'La mer, une caresse de la vie.'

'La géométrie de l'être est symétrique.'

'Des formes, des couleurs. Qui a dit que l'on est pauvre !!'

'Sortez de vous-même, la vie est dehors.'

'Le concept d'étranger n'existe que pour les esprits étroits.'

'Univers, tous unis dans l'existence, des hommes aux étoiles.'

'Le son calme ou révolte ; faites attention à vos paroles !!'

'La curiosité est un très bon défaut.'

'Un cœur, une cour, un chœur, même concept : c'est un paysage indispensable.'

'La douceur d'une famille conditionne sa réussite ou son péril.'

'Le sport est un moyen de ne pas se faire absorber par les problèmes.'

'Intérieur, extérieur, tout est connecté.'

'La nature est un arbre phylogénétique.'

'Les punitions ne servent à rien.'

'Dans une dictature, le voleur est ministre des finances, le président un psychopathe et les ministres des nantis.'

'Les dirigeants devraient avoir peur de leur incompétence.'

'Le pardon est le seul sens qui peut fonder une civilisation.'

'Demain sera toujours mieux que maintenant ; cela ne veux pas dire qu'il ne faut rien faire.'

'Se reproduire, n'est pas synonyme de formater.'

'La nuit tout le monde a la même couleur.'

'Toute déviation a un coût.'

'La montagne de connaissance ne devrait pas nous faire peur ; on devrait s'y précipiter comme des rats dans la farine.'

'On a créé des satellites, mais on n'a pas satellisé la bêtise humaine.'

'Tout est respiration ; même l'univers respire.'

'Les énergies existent puisqu'on peut les mesurer.'

'Soyez au service de l'humanité, car elle est votre deuxième mère.'

'Les problèmes sont des agencements simples mais vastes.'

'L'écriture est une âme offerte sans retenue.'

'Plus on comprend, moins on juge ; moins on juge, plus on comprend. Plus on comprend, mieux on peut soigner.'

'La danse est impérative car même les étoiles font un ballet infini.'

'Tout est bien agencé ; le mal n'est que l'absence d'intelligence.'

'Quand les droits divins reviendront au peuple, l'éden sera de retour pour tous.'

'Le calme est signe de maîtrise.'

'Soyez avant tout maître de vous même.'

'Tous les organes ont une fonction, ainsi que chaque être.'

'La vie est comme la vigne, elle grimpe vers l'infini quand elle est libre.'

'Rien n'est pire qu'un abus de pouvoir.'

'Souriez ou pleurez, mais par pitié, arrêtez de faire comme les machines.'

'L'univers est visible dans les yeux de toute âme.'

'Les bons calculs font les bonnes prévisions !'

'L'âme ne peut être ni vendue, ni échangée.'

'Il n'y a pire poison qu'une idée fixe délétère.'

'Méditez, vous serez libre.'

'Pas besoin de drogue, votre cerveau est votre meilleur dealer.'

'Le Qi existe, il suffit de voir le pouvoir qu'a chaque danse.'

'Manifestez votre joie, l'univers vous en fournira beaucoup plus.'

'Se plaindre est le début d'une longue psychanalyse.'

'Du travail, du temps libre, une vision, que demander de plus !!'

'L'univers répond aux maths parce que c'est un langage que tout le monde devrait apprendre et comprendre.

'Les traîtres se condamnent eux-mêmes.'

'Laissez vous envahir par les émotions et exprimez les par l'art, vous vous sentirez en extase mentale.'

'Le ver à soie tisse sa soie ou en dépend-t-il ?'

'La mue existe aussi chez l'homme. C'est une mue mentale que l'on appelle sagesse.'

'Soyez vieux jeunes et jeunes vieux, vous aurez une longue vie mais sans reliefs.'

'Le sentiment de provocation est une faiblesse interne.'

'Pour produire, un premier pas est nécessaire.'

'N'ayez pas peur, vous êtes une démocratie de cellules. Vous devriez dire nous car vous êtes une armée à vous tout seul.'

'L'expansion de conscience est un chemin, une voie, un être, une aspiration, une inspiration vers un but honorable.

'N'exposez pas vos faiblesses, de peur que l'on vous brise.'

'Ménagez vous du temps pour vous étudier, tout n'est pas dans les livres.'

'Mieux se connaître, pour être maître de son monde intérieur et être libre.'

'Étudiez l'anatomie, c'est fascinant.'

'Le temple est interne et externe ; respectez vous et le monde.'

'Nous sommes tous connectés par le corps et le mental.'

'Aucun dogme ne peut résister indéfiniment à la nature.'

'Tout progrès passe par une succession d'erreurs.'

'Rien n'est vil, tout a son importance !'

'Scrutez dans la terre, dans votre esprit, dans vos relations, vous remarquerez que tout modèle que vous avez construit vole en éclat.'

'Il faut surmonter ses frustrations pour mieux apprendre.'

'Les qualités humaines restent, malgré toute critique.'

'Tout support d'informations a ses limites.'

'Les marges du progrès ne sont pas infinies, mais considérables.'

'Tout est relatif à un centre.'

'Nul bêtise ne résiste à un examen prolongé.'

'Chaque livre est un dictionnaire de contextes.'

'La mort évite ceux qui aiment le risque, mais frappe les innocents.'

'Une bonne maxime remplace facilement l'ivresse de l'alcool, surtout si elle est profonde.'

'Enivrez-vous de connaissances plutôt que de drogues.'

'L'échiquier est comme la vie, il faut échouer de nombreuses fois pour atteindre tout objectif.'

'Marcher est une très bonne thérapie.'

'Au-delà de vos blocages réside la vie.'

'La sagesse, c'est prendre son indépendance et être libre de corps et d'esprit.'

'Un mot peut être un mot, une émotion ou une métaphore.'

'Les pies sont elles conscientes qu'elles volent ?'

'L'intérieur est extérieur et l'extérieur est intérieur.'

'L'oubli facilite le pardon.'

'Les fruits nous sont donnés, pourtant on se plaint de précarité.'

'Tout demande de la patience.'

'Le langage est la plus importante des acquisitions.'

'La génétique est l'excuse du défaitiste.'

'Voyager, c'est apprendre.'

'L'imaginaire ne peut être restreint que par des dogmes.'

'N'ayez pas honte de ce que vous êtes.'

'La joie se crée.'

'La terre est la fois nourrice et assassine.'

'La mort ne sera pas éternelle.'

'On ne peut condamner les intentions, les actes, oui.'

'Regardez le futur, vous serez toujours en joie.'

'Pour changer le monde : un stylo et une calculatrice.'

'La paresse est le pire défaut.'

'La pluie nettoie l'âme parfois.'

'Ce que vous appelez âme est l'observation d'une mémoire incarnée ou désincarnée.'

'Le plus grand trou noir est la mort.'

'Calmez-vous, vous trouverez des solutions.'

'Le jardin des dépendances, un plaisir qui n'est que consommation : insatisfaisant et insatiable.'

'Abondez par vos qualités, tuez vos défauts.'

'Vivre pour jouer, jouer pour apprendre, apprendre pour mieux vivre !'

'Il n'y a pas de zone de confort, ce n'est qu'une complaisance malfaisante.'

'Prendre du temps pour bien faire est toujours mieux que d'agir sans analyse.'

'Il y a mieux que l'espoir : le travail, l'imagination et le futur.'

'Tous ceux qui nous ralentissent en payent le prix, et nous, nous récoltons tous les bons fruits.'

'Les ralentisseurs sont souvent gouvernés par la peur.'

'Aimez, mais sans rester en compagnie de vos ennemis.'

'Les salopards sont souvent formés par les circonstances.'

'La mélancolie est le cancer de l'esprit.'

'Épousez la vie et/ou un(e) amant(e) !'

'On est jamais seul ; ce sentiment est ignorance.'

'Notre famille, nos amis, notre trésor.'

'La gentillesse est universelle, dommage qu'elle ne s'exprime pas plus souvent.'

'La cohésion sociale ne peut s'effectuer que dans une justice complète.'

'Apprenez aux parias à travailler et à étudier, ils pourront aider l'humanité.'

'Personne n'est inutile.'

'L'anima, Personæ, tout ce cirque est du grand théâtre.'

'N'allez plus au cinéma, la vie est un film palpitant.'

'Ceux qui contemplent sont artistes ou physiciens, être les deux est une douce folie.'

'Les mauvais jours ne durent jamais éternellement.'

'Traitez votre corps avec déférence, c'est votre temple.'

'Au début, il y a toujours une page blanche, métaphoriquement et réellement.'

'On peut tout apprendre si on s'en donne les moyens.'

'L'inspiration c'est de toujours faire confiance à la vie.'

'Vous rendez-vous compte que chacun d'entre vous est un monde qui marche.'

'Plus la science avance, plus on est perdu. C'est excellent, car tous les bons futurs sont possibles.'

'Vous avez plus de sens que ce que l'école vous apprend.'

'Nous ne seront jamais des machines car les émotions ne peuvent être étouffées par quelques gouvernements ou puces électroniques.'

'Aidez comme vous pouvez.'

'Partager ses connaissance, c'est les consolider.'

'Rien n'est impossible, à part pour le pessimiste.'

'Ne pas avoir confiance en la vie, c' est comme appuyer sur le frein et l'accélérateur en même temps.'

'Tout est insolite.'

'Tous nos rêves sont accessibles, il faut y croire !'

'Le chemin le plus difficile est le premier pas.'

'Se construire demande temps et détermination.'

'L'imagination n'est pas limitée.'

'La solitude permet de renaître ; après cette renaissance, plus de raison d'être seul.'

'Tous les vices peuvent disparaître, il suffit de ne pas s'accrocher à ce qui nous nuit.'

'Le chant et le théâtre permettent de jouer avec nos émotions.'

'Nous sommes multiples par nos rôles, pourtant nous avons l'impression de jouer un même rôle.'

'Le respect de l'humanité et de la nature s'impose.'

'Le son d'une voix douce peut calmer un tyran excité.'

'Le scribe n'est pas responsable des effets de sa prose.'

'Si l'humanité arrêtait de produire, ne serait-ce qu'un jour, tout serait un joyeux bordel.'

'La plupart de ce que l'on possède a été fabriqué par quelqu'un d'autre ; soyons reconnaissants.'

'La marche calme et soigne la souffrance.'

'On fait toujours ce que l'on peut.'

'L'hypnose, c'est comment utiliser la projection du Qi.'

'La mémoire du corps est la plus importante de nos mémoires.'

'Projetez-vous dans l'espace avec danse et grâce, l'univers vous est offert.'

'L'Ego n'est jamais assez grand, car plus il grandit, plus l'on a envie d'apprendre.'

'L'humanité, une grande famille.'

'Ne faites pas des choses pour un dieu, faites le pour votre âme.'

'La sincérité est la porte de l'abondance.'

'Répétez, Apprenez, Jouez, Bougez, Soyez un automate de la vie ; la résistance à la vie est pour les idiots'

'Les dieux sont dans nos cœurs, mais nous devrions aussi avoir de la compassion pour nous même.'

'Il faut sacrifier son ancien moi mentalement pour renaître ; oubliez le passé traumatique ou vous resterez des fœtus.'

'Le sport permet de garder l'esprit sain.'

'Nous somme tous cousins, nous avons émergé de cellules, de matières, comme tout le vivant. Arrêtez cet air supérieur, c'est la folie des premiers siècles.'

'Notre perpétuel cordon ombilical est mère nature.'

'Nourrissez votre côté lumineux et produisez de l'art.'

'Le monde sera toujours meilleur car aucune connerie ou injustice ne résiste indéfiniment au temps.'

'Infos ou propagande ?'

'Les conflits d'intérêts sont la chute des nations.'

'L'humanité dans ce qu'elle a de meilleur ou de pire réside dans sa qualité de biomimétisme.'

'Faites la paix pour avoir la paix.'

'Le soleil est bien plus qu'une poche d'hydrogène !!!!'

'Si l'univers n'est pas conscient, comment pouvez vous l'être ?'

'Un bon repas, une bonne blague, un câlin peuvent sauver une vie de la mélancolie.'

'Des encouragements sont nécessaires pour tous.'

'Être ordonné prend du temps mais est indispensable'

'Un peu de gratitude rend la vie plus simple.'

'La sécurité est atteignable, quand tous ont un toit au dessus de leur tête.'

'Tout regret est inutile car rien ne peut changer le passé.'

'La vie n'est pas un fardeau mais un sac de douce malice.'

'Le succès est une somme de travail.'

'Le crépuscule de l'âme est lors de la lune de miel.'

'Détendez vous, vous serez inspiré.'

'La bêtise ne se soigne qu'avec partage et correction.'

'Nous sommes tous ignorants, sachez-le.'

'Plus il y a de nouveaux arrivants, plus le monde change en bien.'

'L'éducation n'est pas gage d'humanité.'

'Ne touchez jamais aux drogues : douces ou pas, elles auront votre peau.'

'Connaissez vous la symphonie des nuages ?'

'On provient tous des étoiles : si vous vous sentez au plus bas, réfléchissez aux répercutions de ce fait.'

'Rien n'est mort, tout change d'apparence et de monde.'

'Ce monde est fait pour la vie ; les armées, la fin est proche !!'

'Nul ne peut s'opposer à la nature.'

'Un Ego faible sera prêt à toute bassesse.'

'Aimez, pardonnez, vivez !!'

'On n'est jamais seul.'

'Un nouveau monde n'est jamais très loin.'

'La technologie est la carapace de l'homme.'

'L'Ego est la carapace de l'être.'

'Soyez vivants, stoppez toute mélancolie.'

'Mélancolie rime avec colique, ce n'est pas un hasard.'

'Ne regardez pas la violence du monde, elle est grandement exagérée.'

'Sans internet les 3/4 du monde sont au chômage.'

'Ne projetez sur les autres que ce que vous avez de bon.'

'Le bon contient son côté obscur, le méchant contient son côté lumineux.'

'La vie est ce qu'on en fait.'

'Acceptez l'étrange, embrassez l'inconnu, moquez vous de la mort intérieurement.'

'La sueur est un stress, un plaisir, un frisson, une idée éclose.'

'Vous sentez physiquement des métaphores telles que la liberté, le bonheur et l'amour et vous osez dire que l'esprit et l'âme n'existent pas.'

'Les extrémistes athées comme les religieux extrémistes se sont coupés de tout un monde.'

'Ne soyez pas dogmatique, la science comme la religion a ses limites.'

'Dites 'Je m'aime' mentalement chaque matin, cela vous fera plaisir et vous serez plus attentif aux autres.'

'Tout ce qui est bon est possible, le reste est improbable. Ce déni du négatif peut construire des civilisations.'

'Sans espoir, sans foi, sans mouvement, assurément on s'enlise lentement dans sa mauvaise folie.'

'Vous êtes tristes, bougez, travaillez, peignez, faites l'amour, mais par pitié ne stagnez pas.'

'Rien ne choque plus que la vie, mais rien ne nous sauve plus efficacement que la vie.'

'Si confort rime avec cercueil, fuyez !!!'

'Rien n'est plus empoisonnant que la sédentarité.'

'Le sucre, comment tuer un peuple.'

'Voir une belle femme en face de soi est plus intéressant que n'importe quel livre de mode.'

'Reconnaissez vous en l'autre, qu'il soit végétal, animal, humain ou céleste.'

'Hors de vos limites mentales réside la vie.'

'Brûlez votre passé mentalement pour vous précipiter dans l'avenir.'

'L'œuf du monde s'ouvrira bientôt.'

'Chaque forme d'art est tirée d'une émotion profonde.'

'En dehors comme en dedans, un monde à découvrir.'

'Une bonne maxime, peut être un nouveau départ.'

'L'esprit ne s'explique pas, il se comprend.'

'Tout être présente deux faces.'

'La pire punition est de stagner.'

'Sous les rideaux de l'univers, l'ineffable.'

'Un concept peut changer une époque.'

'Les pensées ne sont ni bonnes,ni mauvaises ; ce sont des stimulations de simulations.'

'Évoluer demande une vision.'

'Rien n'est difficile, cependant il faut s'impliquer pour réussir.'

'Les sommets ne sont que les barreaux d'une échelle.'

'Maîtrisez vos pensées en les laissant s'écouler, maîtrisez votre corps en le bougeant , maîtrisez votre vie en vous adaptant.'

'Les obstacles ne sont que les pierres de votre château.'

'Tendez vos bras vers l'univers.'

'Le Qi est mouvement, vent, inspiration, expiration.'

'La jeunesse est un état d'être.'

'Une mission est vertueuse si elle sert le bien commun.'

'Un mot peut changer une destinée.'

'La discipline s'impose pour créer.'

'La révolte n'est pas constructive, le changement de conscience, oui.'

'La terre est vivante et sa beauté surpasse tout.'

'Si le malheur vous touche, soyez résilient et redressez vous.'

'La vie est dans le ciel, les nuages, les étoiles, l'aurore, le crépuscule, la rosée, la terre et dans nos cœurs.'

'Un baiser, un morceau de paradis.'

'Tout est unique.'

'Toute violence est inique.'

'La mort ne se révèle pas car elle a peur du vivant.'

'Chassez tristesse, mélancolie, mort de votre tête, de votre cœur et de votre corps ; ce n'est qu'une pollution au mazout.'

'La dépression a tué des humains.'

'L'empereur de ce monde est VIE.'

'L'évolution n'est pas compétition, mais coopération.'

'L'énergie ne se mesure pas seulement, elle se ressent.'

'L'ennui, moteur du progrès.'

'Insatiable de connaissance, SOYEZ insatiable de vie, SOYEZ insatiable d'amour, maintenant SOURIEZ !!!'

'Si on ne reconnaît pas la valeur de votre travail, c'est de la maltraitance.'

'La mécanique permet de construire, les maths d'imaginer, les arts d'agencer, l'âme de comprendre.'

'Le nombril du monde est au centre de l'univers mais aussi en chacun de nous.'

'Pourquoi courbez vous l'échine, vous êtes puissants.'

'Tout est en nous et tout nous est offert.'

'L'argent ne servira plus a rien, tôt ou tard.'

'Les cours de la bourse étant chaotiques, pourquoi avez vous confié votre maison à un tourbillon.'

'Du chaos peut naître la diversité.'

'Les souffleurs de verre sont aussi des enchanteurs. '

'Sous un arc en ciel, plus que de l'or, une joie.'

'La joie est l'or de l'âme.'

'Se faire plaisir ne devrait pas nous rendre coupables.'

'L'espace nous attend.'

'Tout progrès part d'une souffrance.'

'Le monde est le paradis perdu à cause du mental.'

'Ne voient-ils pas que le royaume qu'ils cherchent est déjà là !'

'Rien n'est banal, à part pour l'idiot.'

'L'extase est permanente dès que l'on ouvre les yeux.'

'La musique met en avant les saisons de l'âme.'

'Il n'y a pas de péchés, seulement des erreurs à rectifier.'

'Le mal de ce monde est le manque de conscience.'

'Se plaindre ne sert qu'à perdre du temps.'

'Il y a toujours un espoir après le désespoir.'

'Tout langage suit un rythme.'

'Au centre de tout réside l'observation.'

'Le karma se crée.'

'L'économie ne se réforme que par le peuple.'

'Plus on se connaît, plus on s'apprécie.'

'Se lever est déjà un rêve.'

'Fréquenter un gang est comme la roulette russe.'

'La violence est le tombeau de l'espoir.'

'Toute tâche peut être décomposée pour être réalisée.'

'Le premier fantôme est notre esprit.'

'Les empires ne sont faits que pour s'écrouler.'

'Les guerres d'antan ont muté pour devenir plus perverses.'

'La propagande à partir d'un certain niveau de civilisation ne tient plus.'

'Regarder la télévision fréquemment est une castration mentale.'

'En dehors des écrans, la vie.'

'Les réseaux sociaux sont plus que des murs, ce sont des prisons digitales dirigées par des psychopathes.'

'La TV, la pub, la pharmacie, la banque, même famille, même famine, faillite, fuite, finalité.'

'Le monde est devenu une dystopie par la faute des peuples.'

'Se rendre compte de tout ce qui ne va pas, en toute honnêteté, est un acte révolutionnaire.'

'La théorie des jeux, ou comment mener plusieurs guerres virtuelles.'

'La ligne rouge du nucléaire peut être franchie par des sociopathes.'

'Tout chef peut être tenté par son égo.'

'La vie n'est pas que connaissances et mouvements.'

'Le sel de la vie, c'est le bonheur.'

'Reculer face à un ennemi, c'est le laisser dominer.'

'La finance est le jeu du mikado.'

'Tous les dés paraissent pipés, pourtant ……'

'Ayez foi en vous même.'

'Les femmes auront toujours le cœur des hommes car leur beauté sont dignes des muses.'

'Par delà la douleur, le paradis interne.'

'Nous ne sommes jamais seuls, car nous sommes des milliards de petits êtres sous forme de cellules.'

'La vie, dans quelques aspects, est comme une confusion des sens.'

'Même l'illettré peut avoir une verve puissante.'

'L'avidité pour le vrai pouvoir est contagieuse.'

'Ne soyez pas sages, soyez vivants.'

'Toute folie n'est pas à soigner.'

'On reconnaît plus facilement les gens selon le contexte.'

'Toute difficulté est exorcisée par l'action.'

'Vivre seul peut être une nécessité ou un défi.'

'L'univers nous tend les bras, le voit-on ?'

'Une bonne maxime peut être meilleure qu'un très bon vin.'

'L'inspiration ne demande pas d'effort, juste de se décrisper les méninges.'

'Tout est un, un est tout.'

'La vie est comme une course de relais, chaque année est un passage vers une autre dimension.'

'Ne parlez de vos rêves qu'à vous même.'

'Être maître de soi-même est un grand accomplissement.'

'Les addictions disparaissent avec l'âge.'

'S'accorder des pauses n'est pas un crime.'

'Les tambours battants, les soldats se galvanisent.'

'Hors de tout système, le peuple s'affranchit.'

'Toute drogue est à la base un insecticide.'

'Si votre bonheur ne dépend pas de vous, vous êtes esclave.'

'La richesse d'un homme est son être et son niveau de bonheur.'

'Plutôt que de vous battre, comprenez la vie.'

'Pour sortir de l'oubli, il faut agir.'

'Les outils nous sortent de l'ignorance.'

'Une IA consciente est le seul outil qui nous sera utile dans le futur.'

'La dernière dictature sera subtile.'

'L'argent n'est pas l'indicateur de progrès social.'

'Être heureux est la vraie quête.'

'Le but est de comprendre pour mieux apprendre, et apprendre pour avancer dans sa mission de vie.'

'La marche fortifie l'esprit.'

'Se reposer après une tâche permet de doper sa créativité.'

'L'utilitarisme ressemble beaucoup au nazisme.'

'Surfer sur les problèmes permet de s'en affranchir.'

'Aimez-vous à 100 % car vous seul en êtes capable.'

'Les attentes sont les ennemis de l'amitié.'

'Les clans sont une formation naturelle délétère.'

'Le nationalisme ou l'universalisme, choisissez votre secte.'

'Toute politique ressemble à de l'hypnose.'

'Le cinéma se dégrade, car le système est de moins en moins capable de se régénérer.'

'Être cynique pour dénoncer les incohérences est le devoir du philosophe.'

'Toute forme de vie devrait imposer le respect.'

'La vie est un fardeau qui est un cadeau, comme un oxymore.'

'Voir la terre depuis l'espace est comme une extase.'

'La guerre contre la guerre est un vertueux combat.'

'Avant, les anciens étaient inspirés par des idées, aujourd'hui le monde est inspiré par des pulsions.'

'Un mot pour décrire, c'est comme capturer une part de la réalité.'

'Pourquoi payer pour vivre?'

'Les incohérences sont foison dans une société sédentaire.'

'Il faut marcher pour concevoir et s'asseoir pour réaliser.'

'Il n'y a rien de plus mystérieux que la vie elle-même.'

'Tout changement est positif, car la vie gagne toute bataille.'

'La révélation de notre interconnexion réunira toute l'humanité d'une seule voix.'

'Nous faisons partie du biotope.'

'Rien n'est inutile, sachez-le !'

'Le feu est magique, il agite la matière.'

'Rien n'est perdu, même au fond des abysses.'

'Osez, ou mourrez avec regrets.'

'Nul n'est plus imbécile que celui qui croit savoir.'

'La réalité nous échappe, car c'est une illusion.'

'Pourquoi croissance rime avec souffrance ; il faut bien que les muscles se durcissent.'

'Tant que l'on n'a pas touché le fond, on ne connaît pas la vie.'

'Rien ne vaut le bonheur et la santé.'

'À force d'échouer, on comprend mieux l'ineffable.'

'Regarder ses faiblesses permet de progresser.'

'L'ennui est comme le hasard, imprévisible !'

'Il vaut mieux être pionnier d'une invention que seulement son utilisateur ; le plaisir n'est pas le même.'

'Il vaux mieux être icône de la science que de la mode ; les admirateurs sont plus compatissants pour la première que pour la seconde.'

'L'environnement est important, comparez la plage au bureau !'

'La justice ne peut exister sans amour et compréhension.'

'Le paradis n'apparaîtra que quand les humains seront suffisamment conscients.'

'On ne perd jamais, on apprend.'

'Toute ruse n'est pas vaine.'

'Chassez une idée avec le calme !'

'Une seule chose doit rester constante, le mouvement de l'esprit et du corps.'

'La mélancolie tue même l'espoir.'

'La pensée n'est qu'information, il ne faut pas se laisser dominer.'

'La vie est censée être une fête.'

'Le soleil est plus vivant qu'il ne paraît.'

'Aucune prière ne peut remplacer l'action.'

'La passivité sans action est folle, l'action sans paix est inconsciente.'

'Évoluer s'est faire crever une mémoire putride.'

'Se battre pour la vie est le plus grand des combats.'

'L'âme ne peut être vendue.'

'Dans la vie on n'admire que des reflets.'

'Le vrai monde est au-delà et dans la vie.'

'La perfection est un rythme.

'Le libre-arbitre s'exprime virtuellement chez l'ignorant.'

'Tout contexte produit des êtres.'

'La belle prose vaut tout excitant.'

'La société est aliénée par l'argent.'

'Il est plus facile de mourir de lassitude que d'ambition.'

'L'ennui est plus mortel que n'importe quelle maladie.'

'La vie est une caricature du réel.'

'Vous êtes perdu, peut-être vous rapprochez vous de la vérité.'

'Rien n'est inéluctable.'

'Ne vous laissez troubler par personne.'

'La philanthropie est mieux que tout nihilisme.'

'Heureusement que le pessimiste s'enchaîne lui-même.'

'L'ouvrier ne sera jamais écouté tant qu'il ne prendra pas possession de l'usine.'

'Dépossédée du travail, la société se posera enfin des questions existentielles sans avoir l'opportunité de fuir.'

'Ce que l'on fuit nous persécute.'

'Nourri de maximes, de force et d'ambition, comment peut-on échouer !'

'Soyons entiers, nous formeront de meilleurs couples.'

'L'illusion peut nourrir plus l'âme que le concret.'

'L'usine ou le tombeau des rêves ?'

'Le pognon ronge, la dépression gronde, le peuple souffre, les financiers exultent dans leurs moulins face à Don Quichotte. '

'La souffrance seule est inique.'

'Il faut digérer le mouvement du monde.'

'Aucun stress n'est mauvais, il faut l'apprivoiser.'

'A chaque marée basse ses squelettes comme les émotions de la conscience.'

'Chapeau bas à la mort, elle refroidit tout le monde.'

'La tristesse est l'écho des tombes.'

'Le cœur est plus fort que le mental.'

'La misanthropie, symptôme d'une propagande.'

'La société est plus riche qu'on ne peut l'imaginer.'

'Fuir mentalement n'est jamais la bonne option.'

'Échouer souvent est le chemin vers la réussite.'

'Ignorer les tracas c'est vivre.'

'Ayez faim de vie, de gloire !'

'Le travail est le moyen le plus sûr d'évoluer.'

'Un seul péril nous menace : le temps.'

'Sortir du pétrin est plus facile que l'on ne croit.'

'Ne tombez jamais en mélancolie.'

'L'imagination est l'être.'

'Tout est projection mentale.'

'Les quêtes externes et internes nous rapprochent du tout.'

'Incarner un rôle peut nous faire le devenir.'

'N'ayez de limite que la morale car les lois peuvent être iniques.'

'Le pardon est aussi nécessaire que la justice pour éviter aux deux protagonistes d'être captifs.'

'La méchanceté est une complaisance ou une cicatrice mentale.'

'Soyez tordu dans le bon sens.'

'La douceur est l'apparat des intelligents.'

'Au-delà de tout piège, une abstraction.'

'Les rêveurs sont dans le futur avant qu'il arrive.'

'Faites du stress votre allié, vous ne souffrirez plus jamais de procrastination et d'angoisse.'

'Rien n'est inéluctable.'

'Tout est surréel si on prend le temps d'analyser.'

'La loi des contraires montre que tout est oxymore.'

'Une dictature s'épuise par ses mensonges.'

'On hallucine en permanence quand on y pense, notre cerveau fabrique notre réalité !'

'Sans référent mental, l'esprit est hypnotisé.'

'Briller par soi même attire souvent des mouches !'

'Avec une vie bien construite, le poids des années devrait nous apporter sérénité et non agitation.'

'La chance se fabrique.'

'La volonté se révèle par l'effort.'

'Tout peut se faire dans le bon sens.'

'Le don est l'écoute de la vie.'

'Créez vous un espace mental qui vous appartient.'

'Aucune chaîne ne peut vous retenir si vous êtes libre mentalement.'

'Votre seul vrai devoir est de vivre.'

'L'espoir ne vaut pas l'optimisme.'

'La peur est comme le feu dans un asile.'

'Les relations sont importantes mais pas autant que celle avec soi.'

'On n'est toujours que partiellement compris.'

'L'argent de l'esprit est le mental, l'or de l'esprit est la joie, son diamant l'imagination.'

'Ne vous enfermez pas dans des concepts, ils ne durent qu'un temps.'

'L'important n'est pas d'appendre mais de comprendre.'

'L'unité est toujours d'abord interne avant de se partager.'

'On est la nature qui se découvre.'

'La vie semble avoir un sens mais n'en a pas. Ce ne sont que des impulsions de l'âme, tout est sentiment, c'est cela qui est magique !'

'Le formatage ne tient plus quand c'est l'heure d'évoluer.'

'La vie seule est irrésistible.'

'Faites et vous serez !'

'Plus abstrait que les maths, la conscience !'

L'univers possède un esprit, la conscience, possède un corps, l'espace et un squelette, la matière ; en quoi n'est il pas vivant ?'

'On est toujours moins seul qu'on le pense.'

'Il n'y a pas plus grande bibliothèque que la nature.'

'Les religions étaient par le passé, plus des questions que des réponses ; les voici enterrées dans les dogmes.'

'Plus haut que le ciel, l'âme.'

'Les galaxies sont les yeux de l'univers.'

'Le vivant est la peau de l'univers.'

'L'optimisme est inné chez l'être humain.'

'Plus que la parole, les schémas éclairent.'

'La musique est meilleure que le vin.'

'Même les samouraïs ont parfois marre de la violence'

'L'outil fascine l'humain.'

'La marche des siècles est toujours marquée de nouveaux paradigmes.'

'L'inconscient nous manipule plus que le conscient.'

'Le feu de la vie est le mouvement.'

'Les synchronicités sont légion dans la vie des sensibles.'

'L'argent est soit à notre services, soit il bouffe tout.'

'Le pouvoir est un oracle pour ceux qui le comprennent.'

'L'obéissance finit souvent par la tyrannie.'

'Il faut ignorer les difficultés mentalement pour les surmonter.'

'L'unité vient de la méditation.'

'La forme parfaite est conceptuelle.'

'Le gouvernement par la terreur s'épuise rapidement.'

'La corruption n'est pas un maître.'

'La solitude n'est pas définitive.'

'La douceur est un gage d'intelligence.'

'La plus grande blessure est celle de l'incompréhension, mais elle est temporaire.'

'Ne cherchez pas de sens à la vie, elle n'en a pas et c'est une forme de liberté totale.'

'Les évènements adviennent et ainsi passe le temps.'

'La logique ne peut expliquer les sentiments.'

'Tout est art.'

'Toute échelle fait l'expérience de l'infini.'

'La destinée est toujours positive, il suffit de suivre la raison.'

'Il faut évoluer, c'est notre contrat avec la vie.'

'La bêtise comme l'intelligence peuvent sauver des vies.'

'Les dogmes ne peuvent résister à l'œuvre du temps.'

'La liberté est supérieure à la sagesse.'

'L'éducation est à bout. Enfin les enfants vont pouvoir vivre !'

'Ce n'est pas l'éducation qui prime mais l'expérience de vie.'

'Si votre vie ressemble à une autre, arrêtez de copier et soyez vous-même.'

'Si on devance le temps, on s'en libère.

'Le stress est artificiel et inutile.'

'On se fait mentalement seul.'

'Soyez sage tôt pour ne pas perdre votre temps en futilité.'

'L'agitation ne brasse que de l'air.'

'Toute énergie et tout espace sont une métaphore de l'information.'

'Le principe premier, c'est l'information.'

'La vie est un défi au temps.'

'La philanthropie soigne tous les maux.'

'Arrêtez de chercher du stress.'

'La symphonie de l'esprit est la liberté'

'La connaissance libère l'être'

'La tentation n'est bonne qu'en amour.'

'La vie est une épopée pour soi.'

'Tout est connecté par la physique.'

'Les discriminations sont la stupidité de notre espèce.'

'Le travail tue le temps efficacement.'

'La voie royale est donnée par la méditation.'

'Les soucis peuvent disparaître complétement mentalement.'

'Laissons les réflexes négatifs conditionnés aux animaux.'

'Le monde est fou, le sage surfe sur la folie.'

'Acceptez ce que la vie vous offre, car c'est soit un enseignement soit un trésor.'

'L'amour ne supporte aucun programme.'

'Les systèmes politiques se couchent devant l'évolution sociétale.'

'Les médias nous droguent, il est temps de se sevrer.'

'N'acceptez aucune chaîne !!!'

'Les riches dépriment tandis que les pauvres sont affamés.'

'Ne choisissez jamais la pauvreté en âme.'

'Tous les qualificatifs sont dans l'ère du temps mais ne dépassent pas un siècle.'

'Le langage évolue avec les outils.'

'L'art est une transgression nécessaire du mental.'

'Le livre d'or, l'expérience de diamants.'

'Pourquoi chercher à se limiter quand on peut toucher les étoiles.'

'Le monde est imagination, n'est ce pas formidable ?'

'L'imagination est notre carte d'identité dans la nature.'

'La démocratie prêche la mélodie, le communisme l'harmonie mais les deux sont des instruments à vent.'

'Internet détruit toute tyrannie.'

'La vie surmonte tous les obstacles.'

'La physique c'est la météo de l'univers.'

'Un foyer est agréable mais peut devenir un poison.'

'Voyager est important pour voir ses autres facettes.'

'Les neurones-miroirs sont la source du lien social.'

'L'Utopie est une manière de vivre.'

'Être cartésien, c'est admettre les limites des autres comme siennes.'

'Être dogmatique c'est accepter des limites imposées par des sectes.'

'Le bonheur c'est avant tout s'aimer.'

'Être vulnérable ne veut pas dire courber l'échine.'

'Le contrôle des choses est purement virtuel.'

'Le moustique assassin de masse fait moins peur qu'un sociopathe au pouvoir, l'échelle est une tromperie.'

'Avec un tyran au pouvoir, il vaut mieux se casser.'

'Aucun secret ne peut perdurer indéfiniment.'

'Se fermer est le meilleur moyen de s'enterrer.'

'Celui qui agit est souvent seul.'

'L'existence est un vertige constant.'

'Le nihilisme est l'illusion suprême.'

'La connaissance dilue le brouillard de l'ignorance.'

'L'introspection est meilleure que n'importe quel vin.'

'L'addiction est un cycle qu'il faut terminer.'

'L'ennui est le premier pas vers l'apprentissage.'

'La peur et les jeux, voilà comment on soumet un peuple.'

'Si la pensée et la mémoire ne sont pas le Soi, qui sommes nous ?'

'L'être n'est ni la mémoire ni les pensées. Nous sommes la conscience qui s'exprime dans de multiples corps.'
'L'inconscient comme le conscient sont deux faces de la même pièce.'

'La création des mesures arbitraires permet de mesurer des phénomènes de la conscience.'

'Les chaînes d'idées forment un corps virtuel.'

'L'eau résout tout.'

'Il faut résoudre ses contradictions.'

'Une idée peut alléger une conscience.'

'La pression ralentit tout.'

'Croyez en vous même.'

'Légèreté est synonyme d'intelligence.'

'La vie est simple mais on imagine pas à quel point.'

'La pluie nourrit les mélancoliques.'

'Il faut quitter sa zone de confort pour muter.'

'Toute construction est un assortiment d'idées.'

'La convoitise tue les empires.'

'La voix interne est la voie.'

'Rien n'est tabou sinon chez les dogmatiques.'

'Tout l'univers est relatif car tout ce qui est positif est possible.'

'Seul, on est obligé de peupler son imaginaire.'

'Les actions comme l'inaction ont leurs conséquences.'

'La réalité vaut tous les mondes virtuels.'

'Il faut se solidifier avec l'âge.'

'On tourne beaucoup en rond quand on est jeune.'

'Quand on sait que tout le monde est pommé, on relativise.'

'L'univers est fait pour les rêveurs.'

'Aucun rêve n'est trop grand.'

'La trame de notre existence est zeitgeist.'

'Les plaisirs, comme la souffrance, sont des professeurs.'

'L'humain n'est pas STANDARD.'

'La machine ne peut remplacer un être avec de l'empathie, car il se peut qu'elle ne soit pas mesurable.'

'L'ennui est la rançon de l'aventure pour nous emmener plus loin.'

'Le scribe affûte son stylo, le rationnel sa logique, l'artiste sa toile, le rêveur, le monde.'

'L'horreur devrait être repoussante pour tous.'

'Le langage n'est pas fixe,* : il y a toujours de nouvelles choses à nommer.'

'En semence d'étoiles, nous devrions nous comporter.'

'L'emprise du vice n'est pas infinie.'

'Tous nous sommes en dialogue avec l'éternel.'

'Notre productivité augmente en cessant d'être attaché à l'Ego.'

'Tous les maux ont une fin.'

'Les émotions sont les vagues de l'esprit.'

'Il faut se laisser aller pour vivre.'

'Le déni dans certaines situations a son utilité.'

'Les morts veulent que les vivants vivent bien.'

'La médecine a sa part de crimes .'

'Le saint sortira de toutes empreintes et étreintes.'

'La liberté par la vertu.'

'Tout est cadencé ; quand on connaît le rythme, on prévoit le mouvement.'

'Soyez personne pour être inatteignable.'

'L'Ego est une cage dorée.'

'On devrait s'attacher à la source plutôt qu'aux vagues.'

'La dépendance est une souffrance.'

'La liberté vaut tous les sacrifices.'

'Imaginez-vous comme vous voudriez être, au présent.'

'La fureur de vivre atteint tous les justes.'

'Le sort n'est pas tracé, on le crée par l'action.'

'Notre esprit n'est pas fait pour être enfermé ou contrôlé.'

'La propagande voudrait amputer l'avenir.'

'Aucune technique ne peut tracer l'avenir.'

'Être c'est avant tout respirer et s'accorder du temps.'

'Ne vous négligez point, personne ne vous mérite.'

'Le meilleur moyen d'être créatif est de se calmer.'

'Le flux d'idées ne se tarit jamais.'

'La connaissance est protéiforme, l'éducation uniforme, les deux mondes sont contraires.'

'La paix est le fruit du temps.'

'La forme est pure quand elle est privée de tout vice.'

'La sociologie est l'étude des groupes, si vous ne voulez pas être un mouton, soyez original.'

'La pire des entraves est l'abandon.'

'Personne ne voit la réalité comme vous la percevez.'

'La vie n'est pas binaire.'

'La démographie négative enterre les empires.'

'Le cinéma ne sera jamais aussi complet que vos propres rêves.'

'Il existe des mondes de perceptions, nos sens ne captent pas tout ce qui existe.'

'Au delà du miroir de la logique et des limites imposées par les dogmes, réside le paradis.'

'Le contrôle de l'imaginaire est la folie de ce siècle.'

'Laissez la vie vous guérir.'

'Le lâcher-prise est vital.'

'Le meilleur des pharmaciens est le cerveau.'

'Méditer est un acte révolutionnaire.'

'Tout est projections, suivez vous les vôtres ?'

'Les inventions sont l'écume des âmes.'

'Pour créer il faut savoir écouter.'

'La vie à deux n'est pas faite pour tous.'

'Aucune vie n'est comparable.'

'Les icônes compressent l'information.'

'Aller à l'essentiel est aussi important que développer un sujet.'

'Pour développer l'esprit, il faut faire travailler le corps.'

'Le sédentarisme est une boucherie, la guerre la plus invisible contre l'esprit.'

'Ne vous laissez pas faire.'

'Le monde n'a pas de sens car il n'a ni haut ni bas, ni de sens au niveau philosophique, ni cohérence. Vous vivez et êtes littéralement fictifs, voyez donc le potentiel infini que vous possédez. La richesse est interne.'

'Un jour l'humanité se réveillera sans drapeaux, sans dirigeants, sans économie. Et ce sera enfin le nirvana..'

'L'utopiste vit ses rêves avant de les réaliser, le pessimiste attend sa fin.'

'La nature est réseau ; la société crée des goulots d'étranglements et s'étonne si elle respire mal.'

'La méchanceté restera toujours un caprice pour l'univers.'

'Le but de toute vie est de profiter et enjoliver le futur.'

'La voie intérieure est celle qu'il faut suivre.'

'Aucun livre religieux n'a d'ascendant sur la nature.'

'La vie, si l'on réfléchit bien, est une sorte de confusion des sens.'

'Ni dieu ni maître ; l'univers est libre. Pourquoi ne le serions-nous pas ?'

'Ne pleurez pas, vous gâchez votre temps.'

'Debout face à la tempête, ainsi il faut être !'

'Tout ne dépend pas du travail ; à un moment il faut savoir lâcher prise pour réussir.'

'Le stress ne fait pas forcement de grands hommes.'

'Le corps est votre temple, prenez en soin.'

'La mort attire les désespérés et les misanthropes, les deux se ressemblent.'

'Créez votre utopie malgré les obstacles.'

'La vacuité ne veut pas dire inutilité, juste que tout est connecté et interdépendant.'

'La méditation la plus utile est celle de l'activité.'

'Maîtriser sa force est indispensable.'

'Au delà des mots, l'écorce du vivant nous chatouille les âmes.'

'Plutôt qu'une épitaphe, je préfère une épiphanie.'

'Aucun obstacle ne peut bloquer la vie.'

'Chaque lettre comme une composition peut être banale, exécutive, vociférante ou transcendante ; tout dépend de la tournure et des espaces.'

'Même dans un univers, on peut en imaginer d'autres.'

'Le voyage bouscule les idées et les cœurs.'

'Des pensées peuvent être une porte vers le futur.'

'L'usine a moins de formes et de prestige que le vivant.'

'L'avenir sera biomimétique.'

'La traîtrise peut avoir une incidence sur plusieurs siècles, mais la vérité est éternelle.'

'La lumière, l'obscurité, le froid, le chaud, le rationnel, l'irrationnel, tout est contrastes.'

'Le chemin vers l'illumination n'est qu'un chemin, il faut aller jusqu'au bout.'

'N'ayez pas peur d'être libres, ou vous serez en laisse.'

'La prospérité touche les âmes fortes.'

'Ne renoncez jamais devant votre destin.'

'Fuir n'est pas une option devant le néant.'

'Penser est comme un muscle, on se développe.'

'L'univers est imagination, moi aussi.'

'La prose est plus forte que l'arme.'

'Servile, vous serez piétiné.'

'La télévision est le bruit du monde mais pas son image.'

'Seul, le poète observe son paysage d'idées comme le musicien forme un écho de la nature.'

'L'inconscient met du temps mais soigne entièrement.'

'Les hauts comme les bas révèlent l'être.'

'Ne soyez point esclave d'une émotion négative ; c'est comme du vent, il faut fermer sa porte.'

'La vie est un voyage de l'Ego vers l'être.'
t
'Tout est vie, il faudra un jour le reconnaître.'

'La matrice de contrôle n'est que des règles sur du papier.'

'L'esclavage par la dette n'atteint pas le sage.'

'L'argent n'est pas éternel.'

'Il faut être riche de soi.'

'On se fait soi-même mentalement par nos choix.'

'La lumière est interne.'

'L'ambition véritable élève, le désir de pouvoir sans autre but est vil.'

'Construire, c'est bâtir sur le rêve.'

'On ne naît pas idiot, mais si on le devient c'est absurde.'

'En l'inconscient réside l'être, au-delà de l'Ego réside l'être, voilà ses deux temples.'

'Énerver un sage n'est pas prudent.'

'En soi réside le bonheur.'

'Aimez vous, soyez prospère et mariez-vous si vous avez trouvé la bonne personne.'

'Le moine ne connaît que la vertu, mais pas la transmutation des corps.'

'Soyez moine pendant un temps, mais pas toute votre vie.'

'Le vice attire les sots.'

'La maîtrise de l'énergie libère l'esprit.'

'Évitez de procrastiner, seul maintenant existe.'

'Divisez les problèmes pour les résoudre.'

'Sur l'imaginaire on peut tout bâtir.'

'En creusant l'intérieur, on connaît le monde.'

'Chaque corps est un mot de la conscience.'

'Considérez chaque journée comme un poème.'

'L'inconnu est la seule façon de vivre à fond.'

'La connaissance est la marche du siècle.'

'L'inspiration est un travail quotidien.'

'L'univers fait un brassage de formes.'

'Au-delà de tout, l'être intemporel.'

'L'écrivain crée le contexte futur.'

'Les standards n'existent qu'avec pression et écritures.'

'L'intelligence permet de distinguer la forme du fond.'

'Aucune religion ne pourra remplacer la vie'

'être irréprochable, pour enfin obtenir la paix, même ainsi est-ce possible ?'

'L'addiction est être captif, en quoi est ce utile'

'La détermination vient avec l'âge.'

'Les dés sont ce que vous en faites.'

'La vie est une spirale, surfez ou coulez !'

'Rien ne pourra vous remplacer.'

'L'imagination ne répond pas aux règles communes.'

'Ne soyez pas coupable de vos pensées, ce ne sont pas elles qui vous définissent.'

'En dessous, l'inconscient, au milieu, l'être, au dessus l'Ego ; soyez au milieu.'

'L'inconscient est l'espace pour l'être, l'Ego, sa matière.'

'Plus on se fait de l'espace mental, plus la paix s'installe.'

'La discipline est un mal nécessaire pour créer.'

'On remplace un salarié, on ne peut remplacer un penseur.'

'Au-delà de tout, la portée des âmes sur la trame du temps.'

'On sort tous de la même essence.'

'Les choix sont notre caractéristique.'

'Au-delà des mots, les émotions, au-delà des émotions, la méditation.'

'Croire en soi-même, c'est avoir confiance en la vie.'

'La peur ne protège pas.'

'Chaque onde cérébrale est un paysage.'

'La géométrie du mental est comme un relief avec plaines et montagnes ; l'être s'y balade.'

'La réussite est pavée d'échecs.'

'La mélodie des langues est meilleure que toute composition.'

'La pratique fait un maître.'

'La concentration est la clé de la vie.'

'Votre environnement extérieur vous influence.'

'Un déclic n'est jamais loin, ne perdez pas espoir.'

'La vie est tout, sauf une vallée de larmes.'

'À défaut d'avoir un paradis sur terre, ayez le dans votre tête et il se manifestera.'

'Rien n'est difficile car tout s'apprend.'

'Usez de méthode et vous serez victorieux.'

'Calmez vous et le stress s'échappera.'

'Prenez vos chagrins comme des matériaux de construction.'

'Travaillez pour votre être.'

'Nul n'est plus important que vous, sans vous pas de nous.'

'Plus vous penserez à vous, plus les autres grinceront des dents.'

'Tout changement arrive par cycles.'

'Il faut vous détacher de ce qui vous nuit.'

'La vie n'est pas logique, elle est métalogique.'

'Le diable n'existe pas.'

'Rien ne vous pousse, à part votre motivation.'

'Cessez d'être cartésien, vous n'êtes pas une machine.'

'Les émotions ne sont pas mesurables.'

'Le rêve est la vie, le réveil, la méditation.'

'Nul ne s'oppose à vous, c'est vous qui résistez.'

'Le monde est partiellement notre reflet.'

'Vous n'êtes pas responsable de tout, arrêtez de vous prendre la tête.'

'Le stress fait plier un peuple, mais pour combien de temps ?'

'Toute propagande s'éclate sur les rochers de l'âme du peuple.'

'Si l'espoir vous est ôté, faite l'injure de le restaurer et de le fructifier.'

'Laissez les chaînes aux imbéciles.'

'On vous perturbe car on vous comprend pas.'

'Vous seul pouvez savoir qui vous êtes.'

'L'unité est un miracle qui arrive sans prévenir.'

'Le monde est une illusion, mais si vous ne participez pas, vous êtes une statue.'

'Agir est karma, non agir est karma, observer est libération.'

'Toute la richesse du vivant est la différence, notre société n'a rien compris.'

'L'éducation est utile, mais trop poussée s'est une plaie.'

'Les pensées ont encore moins d'existence que les fantômes.'

'Être maître, s'est résister autant que l'on peut, pas plus.'

'L'Égo est un moteur, l'humilité un frein, l'être, une voiture.'

'L'injustice, tôt ou tard, a des conséquences.'

'La rationalité ne voit que ce qu'elle peut mesurer.'

'Les émotions sont une porte vers la vie pure.'

'Au-delà des masques, il y a Nous !'

'Pour le religieux tout est esprit, pour le scientifique tout est énergie, pour le sot rien n'existe.'

'Exister, c'est avant tout paraître.'

'La forme est un corps, le fond l'être.'

'La sagesse dit : on en fait jamais assez.'

'La vie aime plus qu'elle ne déteste.'

'A quarante ans, on voit l'horizon, plus tard, on le touche.'

'Même les épreuves ont une fin ; résistez jusqu'à la fin et au-delà.'

'Tout est phénomène car tout est interdépendant.'

'Les animaux communiquent plus que nous, c'est paradoxal.'

'Le succès est un travail sans fin mais avec exaltation.'